루아와 파이의 지구 구출 용감한 수학

한솔수북

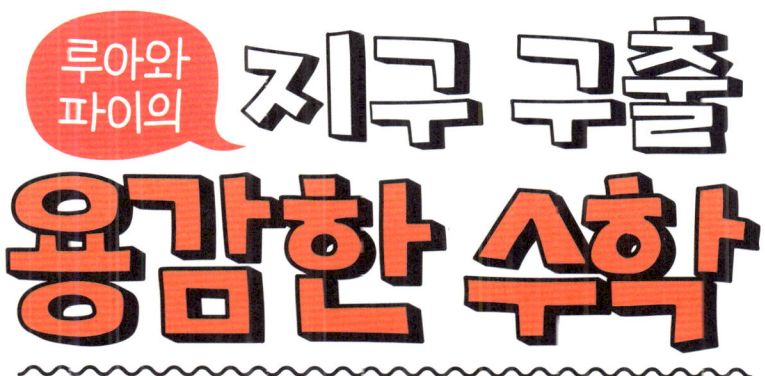

루아와 파이의 지구 구출 용감한 수학

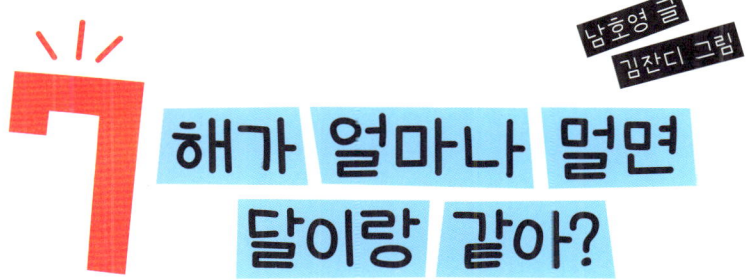

7 해가 얼마나 멀면 달이랑 같아?

남호영 글
김잔디 그림

수학이 골치 아프니?

어떻게 알았냐고? 너만 그런 건 아니니까.
나도 처음부터 수학이 재미있었던 건 아니야.
그러던 어느 날 문득 깨달았어.
아니 글쎄, 수학이 재미있지 뭐야.

어떻게 그런 일이 벌어졌냐고?
그냥 벌어진 일이라 설명하긴 어려워.
하지만 하나는 확실해.
알게 됐다는 거야.

뭘?
2배 멀면 2배 작아 보인다는 걸!
멀수록 작아 보여. 결국 크기가 0이 돼.
비례의 수학, 무한의 수학이야!

우리 모험에 함께 가자!
신날 거야.

이 세상 모든 것에는 패턴이 있어.
수학은 그 패턴을 뽑아내서 우리에게 알려 줘.
삼각형에 대해서 알면 사각형, 오각형은 물론
변이 아무리 많은 다각형에 대해서도 알 수 있는 거야.

우주에도 패턴이 있어.
외계의 행성도 만들어진 원리는 지구와 같으니까.
우주의 수학도 지구의 수학과 다르지 않아.
지구에 오니까 모든 게 신기하지만
수학은 같아. 아 참! 수학의 원리가 같은 거지.

수학이 재밌냐고? 같이 가면 알게 돼.
시작은 호기심, 그다음엔 용기만 있으면 돼.

수학을 잘하려면 용감해야 하냐고?
물론이지. 용기를 내서 덤벼 봐.
우선 용감한 수학부터!
그러면 수학이 쉬워질 거야.

등장인물을 소개할게 ·········· 8

1. 천둥보다 빠른 번개 ·········· 9
　용감한 수학 ❶ 천둥 번개는 얼마나 멀리서 쳤을까? ·········· 21
　용감한 수학 ❷ 빗방울의 플러스, 마이너스는 '0' ·········· 24

2. 달그림자를 따라 날아라! ·········· 27
　용감한 수학 ❸ 멀수록 얼마나 작게 보인다고? ·········· 34
　용감한 수학 ❹ 달이 해를 가릴 수 있어! ·········· 39
　용감한 수학 ❺ 세 점을 지나는 직선을 그으라고? ·········· 43

3. 바위산에서 만난 염소 ·········· 47
　용감한 수학 ❻ 내려가는 기온은 높이에 비례해! ·········· 54
　용감한 수학 ❼ 원과 사각형, 크기가 같을 수 있나? ·········· 64

4. 양을 세는 염소 67

용감한 수학 ⑧ 염소는 양을 어떻게 셀까? 71
용감한 수학 ⑨ 내릴까? 올릴까? 83

5. 직녀성을 보는 목동 85

용감한 수학 ⑩ 사각형은 제각각이야! 92
용감한 수학 ⑪ 직사각형의 대각선은 특별해! 93
용감한 수학 ⑫ 수로 직각을 만든다고? 99

루아·파이와 함께 용감한 퀴즈의 답을 확인해요! 103

루아는 점점 다가오는 먹구름을 힐끗 돌아보고는
발걸음을 재게 놀렸어.
저기 보이는 큰 바위 밑에 비를 피할 만한 공간이
있을까? 확실하지 않으니 얼른 가야 해.
마땅치 않으면 다른 자리를 찾아봐야 하니까.
파이는 몸을 웅크린 귀야를 안고
루아 뒤를 바짝 쫓아가고 있어.
파이도 비를 맞아 봐서 알거든.
팔을 벌리고 하늘을 보며 비를 맞을 때는
세상을 다 가진 듯이 벅차오르다가도,
흠뻑 젖으면
몸이 오슬오슬 떨리다가
이빨이 딱딱 부딪힐 정도로 오한이 들고
얼마나 큰일이 벌어지는지.
그건 여름이어도 마찬가지야.
비에 젖었다면 체온이 떨어지기 전에
몸부터 말려야 해.

루아와 파이가 쫓기듯 산으로 접어들었어.
산은 높지만, 산 아래쪽 구릉은 완만하게 시작됐어.
키 큰 나무 사이사이에 낮게 깔린 풀을 밟으며
큰 바위를 향해 계속 올라갔어.
루아는 숨도 가쁘고 먹구름이 어디까지 쫓아왔는지
궁금해서 바다 쪽을 돌아봤어.
이미 비가 오는지 뿌예서 형체가 잘 안 보여.
"저기는 비가 오나 봐."
루아는 비도 비지만, 화가 난 듯 잔뜩 찌푸린 채
잡아먹을 듯이 낮게 밀려오는 먹구름도 무서워.
더 이상 버틸 수 없어 먹구름이 터지는 순간
걷잡을 수 없이 비가 쏟아져 내릴 것 같아.
"빨리 가자."
파이가 귀야를 머리 위에 얹어 주고는 양손으로
나뭇가지를 번갈아 잡으며 서둘러 올라가기
시작했어.
귀야는 파이의 머리카락을 꽉 움켜쥐었어.

굵은 빗방울이 투둑투둑 떨어지기 시작했어.
먹구름이 짙더니 빗방울도 굵은가 봐.
루아는 굵은 빗방울을 몇 방울 맞더니 마음이 급해졌어.
비에 젖은 풀잎과 땅 위로 드러난 나무뿌리가 미끄러워.
몇 번을 미끄러질 뻔하면서
올라서다 보니 커다란 바위들이 눈앞에 보여.
후유~ 한숨이 나왔어.
생각보다 큰 바위가 여러 개 맞닿아 있어.
루아와 파이는 얼른 바위 밑으로 들어갔어.
비를 피하기에 적당해 보였거든.

"여기 좋은데."
귀야가 언제 걱정했냐는 듯이 내려앉았어.
"비가 쏟아지기 전에 도착해서 다행이야."
"여기라면 비가 많이 와도 괜찮을 것 같아."
루아도, 파이도 바위로 둘러싸인 공간 덕분에 마음이 놓였어.
앞을 보니 들판이 멀리까지 한눈에 잘 보여.
투둑거리던 빗방울이 어느새 후드득후드득 연이어 떨어졌어.
"비가 제대로 오려나 봐."
파이가 말을 마치기도 전에

비 오는 소리가 무섭게 바뀌었어.
거센 빗줄기에 나뭇잎도, 나무도 사정없이 흔들려.
들판에도,
산에드.

루아는 번개가 치는 걸 보고 있어.
번개를 이렇게 가까이서 본 적이 없었거든.
창문을 통해서가 아니라 직접 보는 거잖아.
눈이 부시게 번쩍여.
하늘을 가르며 순식간에 번쩍여.
투명하게, 차르르 갈라지며 사라져.
루아는 번개가 부리는 눈부신 마법에서
눈을 떼지 못했어.
구름 사이에서 몇 번이나 번쩍이다 사라지는
번개를 보던 루아가 놀라서 탄성을 질렀어.
"아!"

들판 저쪽 나무가 벼락을 맞았어.
벼락을 정통으로 맞은 나무에 시뻘건 불빛이
번쩍이더니, 순식간에 나무가 무너져 내렸어.
귀야드 너무 놀라 숨이 막혔어.
놀란 가슴이 진정되기도 전에
이번엔 천둥이 쳤어.
그런데 온 천지를 진동하는 천둥소리가
아까만큼 무섭지는 않았어.
오히려 커다란 북이 울릴 때처럼 낮게 깔리는
보드라운 소리가 나무의 죽음을 위로하는
듯했어.
"나무가 불쌍해."
귀야가 정적을 깨고 말했어.
아무도 대답하지 않자, 귀야가 볼멘소리로 말했어.
"파이야, 너는 나무가 불쌍하지 않아?"
파이가 무심한 얼굴로 귀야를 돌아봤어.

"자연현상인데, 자연스럽지."

파이의 말은 먹구름에서 분리된 전기가 다시 통하면서
빛이 번쩍이게 된다는 말이야.
그게 번개라고.
그건 구름이 무거워지면 비가 오고,
구름이 쏟아지고 나면 비가 그치는 것처럼
아주 자연스러운 거래.
파이는 지구에 오기 전에 목성에서도 번개를 봤대.
지구의 대륙만큼 큰 번개가 끊임없이 치는데,
지구의 번개는 비교도 안 된다는 거야.
그러니 하필 어떤 나무가 벼락을 맞더라도
어쩔 수 없는 자연현상이라는 거야.

하긴 사자가 얼룩말을 잡아먹는 게 자연현상인데 일일이 마음 아파할 수는 없지.

사실 까마귀들도 벌레를 잡아먹잖아.
물론 벼락이 나무를 잡아먹은 건 아니지만.
귀야는 양전기가 음전기로, 음전기가 양전기로 흐르는
번개도 자연스러운 자연현상이라고 받아들이기로 했어.
눈에 안 보이고 잘 몰랐을 뿐이지.

★ 용감한 수학 ①
천둥 번개는 얼마나 멀리서 쳤을까?

보통 천둥은 번개가 치고 잠시 후에 들려. 그 시간 차이를 알면 번개와 천둥이 얼마나 멀리서 쳤는지 계산할 수 있어.

빛은 1초에 30만 킬로미터 오니까 번개는 치는 즉시 보인다고 생각하면 돼.

번개 친 후에 3초 만에 천둥이 들렸다면 천둥은 3초 동안 온 거니까 약 1킬로미터 떨어진 곳에서 천둥 번개가 친 거야.

[천둥이 온 거리] = [속력] × [시간] = 340미터 × 3초 = 1,020미터

다음에 천둥 번개 칠 때 꼭 시간을 재!

용감한 Quiz 1.
천둥 번개가 약 1킬로미터 떨어진 곳에서 쳤다면 번개가 친 후 우리가 볼 때까지는 얼마나 걸렸을까? *

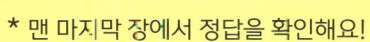

* 맨 마지막 장에서 정답을 확인해요!

나뭇잎도, 바다도, 들판도 온 세상이 푹 젖어 버렸어.
여기저기에 새로운 물길이 생기면서 물이 세차게
흘러내리고 있어.
아직도 거세게 내리는 비를 바라보던 귀야의 머릿속에
천둥 번개에 대한 궁금증이 생겨났어.
"천둥 번개가 치는 구름에 올라타 보고 싶어."
루아는 귀야가 비 걱정을 하는 줄 알고 한마디 했어.
"금방 그칠 거야. 먹구름 때문에 오는 비니까."
파이도 한마디 보탰어.

"짙은 먹구름일수록 커다란 물방울이 많다는 뜻이거든.

한바탕 쏟아지고 나면 쨍쨍 햇빛이 날 거야."
비가 그칠 거라는 말에 조급해진 귀야는
날개를 파닥거리며 날아올랐어.
"아야!"
바위 밖으로 나가 비를 맞은 귀야가 소리를 질렀어.
루아는 순식간에 비에 쫄딱 젖은 귀야를 보고
배를 잡고 웃었어.

용감한 수학 ❷
빗방울의 플러스, 마이너스는 '0'

어제 ××초등학교 4층에서 한 어린이가 떨어뜨린 물풍선에 차량 유리가 깨졌습니다.

뉴 스

비나 눈은 맞아도 다치지 않아. 아프지도 않지.

물풍선처럼 위에서 떨어지는 물체는 위험해. 중력 때문에 속력이 점점 커져서 부딪히면 충격이 엄청나거든. 그렇지만 공기 때문에 물체의 속력이 계속 커질 수는 없어.

빨리 뛸수록 공기 저항력도 커지네요.

귀야는 몸을 부르르 떨며 물기를 털어 냈어.
"사실은 천둥 번개 치는 구름이 궁금했어."
귀야의 말에 루아가 눈을 크게 뜨며 목소리를 높였어.
"구름? 저길 가려고 했어?"
파이는 귀야의 엉뚱함에 놀랐어. 번개가 치던 곳을
한 번 바라본 다음에 루아를 거들었어.
"천둥 번개 칠 때는 온도가 엄청 높아. 태양보다 몇 배
높아. 위험해!"
귀야는 깜짝 놀랐어.
그럴 줄은 몰랐거든.
"빗줄기가 강해서 다행이었네."
루아가 귀야 깃털의 물기를 닦아 주며 중얼거렸어.

② 달그림자를 따라 날아라!

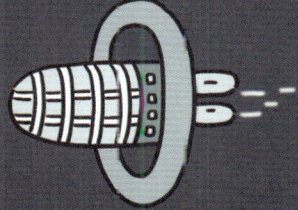

지구를 온통 물에 잠기게 할 듯이 쏟아지던 장대비는 생각보다 빨리 그쳤어.
파이 말대로 무거운 물방울들이라 삽시간에 떨어져 내렸나 봐.
하늘에는 여기저기 옅은 구름만 남았어.
마음이 편해져서인지 아까 들판에서는 제대로 보이지 않았던 산 모양이 눈에 들어왔어.

왼쪽으로, 오른쪽으로 들판을 감싸안으며 산이
겹겹이 둘러싸고 있어.
가까운 산은 나무 하나하나가 다 보여.
두 번째 겹의 산은 나무의 윗부분만 뾰족뾰족 보여.
나무 형체는 구분돼.
세 번째 겹의 산은 그냥 한 덩어리로 보여.
산등성이 윤곽만 삐죽빼죽해. 멀리 있을수록 색깔이
흐릿하게 보여.

겹겹이 쌓인 산을 보면서 귀야가 말했어.
"우리 이제 저 산들을 넘어가는 거야?"
이미 바다와 들판은 지나왔으니
갈 길은 산밖에 없긴 해.
그렇다고 저렇게 겹겹이 있는 산들을 어떻게 넘어?
루아는 엄두가 나지 않아.
"저 산등성이가 흐릿하게 보이는 건 엄청나게 멀리
있다는 뜻이야. 저기까지 넘어가려면 며칠은 걸릴걸."
루아의 말에 분위기가 가라앉았어.
그렇게 한참을 아무도 말하지 않다가
파이가 입을 열었어.
"공기는 참 대단해."
"무슨 소리야?"
귀야가 대뜸 물었어.

"공기는 보이진 않지만
보이는 걸
다르게 보이게 하잖아."

파이의 말에 루아가 무릎을 쳤어.

"와. 똑같은 산인데 멀리 있는 건 공기 때문에 다르게 보인다고?"

맞아. 멀리 있는 건 형체가 잘 안 보여.
그래서 그림을 그릴 때도 멀리 있는 산에는 나무를 하나하나 그리지 않아.
그냥 한 덩어리로 그리지.
이건 시력이 아무리 좋아도 마찬가지야.
아무리 눈이 좋아도 덩어리로 보여.
공기가 우리 눈이 보는 걸 방해하는 거야.
멀어질수록 흐려지고 옅어져.

흠,
먼 산에도 나무를
하나하나 그릴 테야.
사 크운 그림이라고
다들 놀라겠지?

"멀리 있는 건 크기도 작아 보여."
루아가 들판을 가리키며 말했어.
루아 일행이 걸어온 들판에는 미루나무가 한 줄로 길게 서 있었어.
들판을 지나올 때 '같은 날 심었나? 미루나무들이 키가 비슷하네.'라고 생각했던 기억이 나.
그런데 여기서 보니까 가까이 있는 나무는 커 보이고 멀리 있는 나무는 작아 보여.
귀야는 이번에는 얼른 맞장구를 쳤어.
루아가 하는 말이니까 맞을 거야.

그런 귀야를 보고 루아가 물었어.
"귀야, 그럼, 제일 끝에 있는 나무는 얼마만 해 보여?"
순간, 귀야는 머리가 하얘졌어.
'저 끝, 제일 먼 저 끝에 있는 나무는 거의
안 보이잖아. 뭐라고 해야 하지?'
당황한 귀야가 머뭇거리며 할 말을 찾지 못하자
파이가 웃으면서 말했어.
"계속 작아지면 결국 크기가 없어지겠지. 안 그래?"
귀야는 파이의 말을 이해할 수 없었어.
크기가 없어진다니, 그럼 나무가 어떻게 되는 거야?

용감한 수학 ❸
멀수록 얼마나 작게 보인다고?

기찻길은 멀어질수록 좁아지는 것처럼 보이지만 진짜로 좁아진다면 기차가 지나갈 수가 없어. 멀리 있어서 작아 보일 뿐이야.

멀리 있는 침목은 가까이 있는 침목보다 얼마나 작아 보일까? 기찻길을 간단히 아래처럼 생각해 봐. 삼각형 모양의 레일과 침목 2개만 있다고. 침목은 레일 길이가 같은 곳에 있어.

큰 삼각형과 작은 삼각형은 모양이 같고 크기만 달라.
큰 삼각형 변의 길이는 작은 삼각형 변의 길이의 2배야.

변의 길이는 큰 삼각형이 작은 삼각형의 2배

변의 길이는 작은 삼각형이 큰 삼각형의 $\frac{1}{2}$배

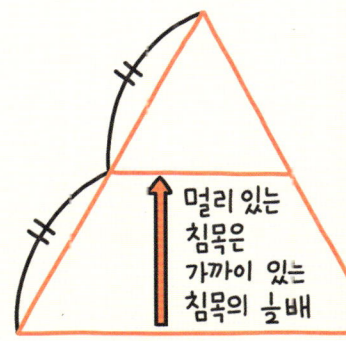

멀리 있는 침목은 가까이 있는 침목의 $\frac{1}{2}$배

나무도 마찬가지야. 크기가 같은 나무를 같은 간격으로 줄줄이 심어 놓았다면, 나무 B는 나무 A보다 $\frac{1}{2}$배 작게 보일 거야.

나무 A

나무 B

3배 멀리 있으면 $\frac{1}{3}$배 작게 보여.

결국 소실점에 있는 나무는 크기가 0인 거고.

루아는 해가 뉘엿뉘엿 지고 있는 들판을 바라보고
있어.
"루아야, 저게 해야? 달이야?"
파이가 가리키는 쪽을 보니 파란 하늘에 하얗게
둥그런 게, 마치 구름처럼 떠 있어.
"낮달이야. 너희 행성에서는 볼 수 없는 풍경이야?"
파이네 행성에는 태양 두 개가 늘 밝게 떠 있어서
밤이 없다고 했잖아.
그래서 별을 볼 수도 없다고 했으니, 달이 있더라도
마찬가지일 거야.

파이는 밤이 아닌데도 보이는 달이 무척 신기한
눈치야.
"낮에도 달이 보일 때가 있어."
루아는 어릴 때도 낮달을 가끔 본 적이 있어.
"낮달은 하얘서 달의 진짜 모습 같아.
그래서 낮달을 본 날은 마음도 맑아지는 기분이었어."
루아는 어린 시절로 돌아간 듯이 보여.
루아 옆에서 달과 해를 번갈아 쳐다보던 귀야가
문득 궁금한 듯이 물었어.

그런데 달이랑 해랑 크기가 같아?

귀야는 해와 달이 같은 하늘에 떠 있는 건 처음 봤어.
그런데 아무리 봐도 크기가 비슷해 보여.
"해가 훨씬 크지."
파이가 대답하면서 손가락으로는 들판에 한 줄로 서
있는 미루나무를 가리켰어.
멀리 있는 게 작아 보이지 않냐고 말하는 것보다
더 빨리 귀야는 그 손가락의 의미를 알아챘어.
해가 달보다 훨씬 크지만
해가 달보다 훨씬 멀리 있어서 같게 보인다는 거잖아.
귀야가 궁금해 죽겠다는 듯이 연거푸 물었어.

용감한 수학 ❹
달이 해를 가릴 수 있어!

2배 멀리 있으면 $\frac{1}{2}$배 작아 보이고 3배 멀리 있으면 $\frac{1}{3}$배 작아 보인다는 거, 기억하지? 결국 달과 해의 크기와 지구에서부터 떨어진 거리가 중요해.

태양 크기는 달 크기의 약 401배

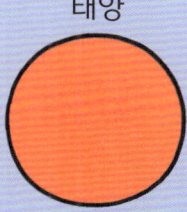
태양

달
지름 3,472킬로미터   지름 1,392,680킬로미터

지구에서 태양까지의 거리는 지구에서 달까지 거리의 약 395배

달
38만 킬로미터
1억 5천만 킬로미터
태양

태양을 달과 비교하면 크기는 401배, 거리는 395배야. 달과 태양은 어마어마하게 멀리 있으니까 395배나 401배나 큰 차이가 없어. 그냥 모두 400배라고 해도 돼.

우주적 크기에서는 401이나 395나!

다시 말하면, 태양이 달보다 400배 멀리 있으니까 $\frac{1}{400}$ 배로 보이는데, 태양 크기가 달의 400배니까 결국 $400 \times \frac{1}{400} = 1$배의 크기로 보인다는 거지. 달과 똑같은 크기 말이야.

해나 달이나 똑같아 보여!

내가 엄청 손해야!

태양과 달이 크기가 거의 같아 보인다는 걸
알아차리는 데 일식보다 좋은 건 없을 거야.
파이는 지구에 도착하기 전에 우주선에서 일식을 본
기억이 떠올랐어.
"귀야, 일식 본 적 있어?"
"일식이 뭐야? 먹는 거야?"
루아가 옆에서 "푸하하" 하고 웃었어.
귀야가 샐쭉거리자 오히려 파이가 미안해졌어.
"귀야, '일'은 태양을 말해.

"귀야, 이 주먹이 달이고 파이가 태양이라고 생각……."
루아가 주먹을 귀야 앞에 들이밀며 말하는데,
귀야가 톡 쏘아붙였어.
"그쯤은 나도 알아. 작은 달이 멀리 있는 큰 태양을
가릴 수 있다는 말이잖아."
귀야는 가슴을 내밀며 뽐내다가 한마디 덧붙였어.
"파이야, 넌 일식 봤어?"

루아가 파이를 제치며 나섰어.

"나도 본 적 있어. 달이 태양을 조금 가렸을 때 정말 신기했어."

귀야가 루아의 말은 못 들은 척하며 다시 한번 파이를 졸랐어.

"너도 일식 본 적 있냐고?"

"응. 달 옆을 지날 때 아빠가 일식을 보고 가자고 하셔서."

루아가 깜짝 놀라 물었어.

"일식을 맘대로 봐?"

"우주선을 달그림자 속에서 날아가게 하면 돼. 속도를 맞춰서 태양과 달을 잇는 직선 위에 우주선이 있게 하는 거야."

용감한 수학 ⑤
세 점을 지나는 직선을 그으라고?

두 점이 있으면, 두 점을 잇는 직선을 그을 수 있어. 이건 기하학의 출발이야. 공리라고 불렀어.

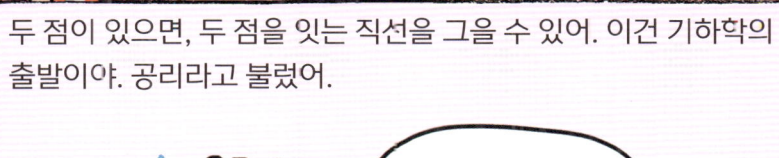

점이 세 개 있어. 이 점들을 모두 지나는 직선을 항상 그을 수 있을까? 그렇지는 않아.

지구, 달, 태양을 점이라고 생각해 봐. 지구와 달과 태양 세 개를 잇는 직선은 그을 수 있을 때도 있고, 그을 수 없을 때도 있어.

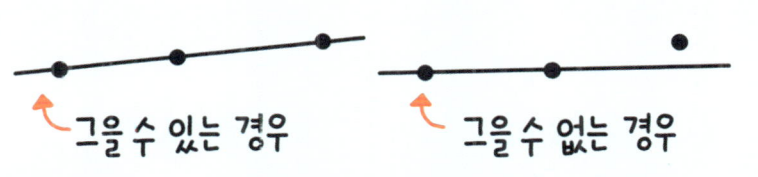

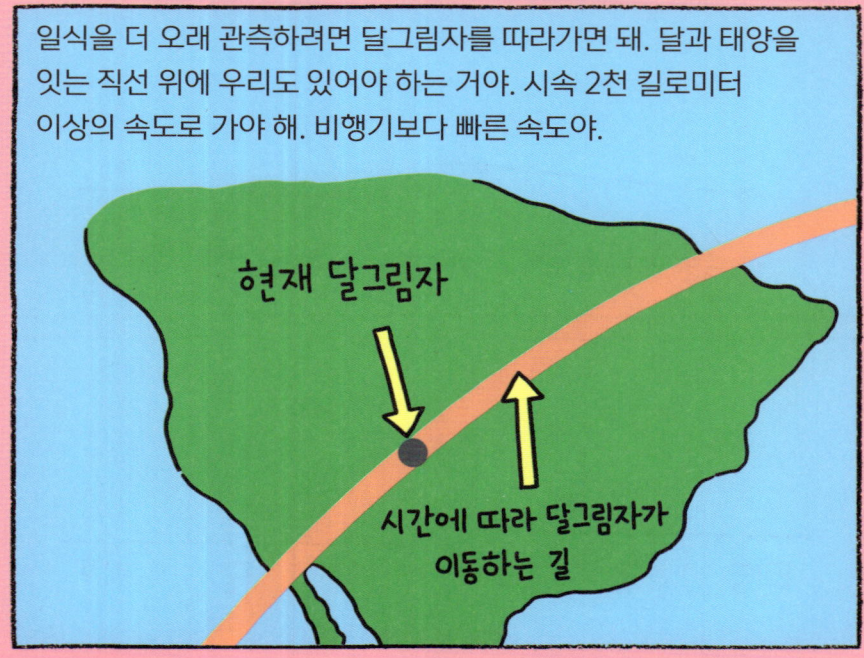

파이 아빠가 우주선 조종사에게 일식을 볼 수 있게
우주선의 속도를 맞추라고 했대.
우주선이 태양과 달을 잇는 직선 위에 올라서면,
그러니까 달그림자 안으로 들어가면 달이 태양을
가리게 돼.
이게 바로 일식이야.
파이는 달 뒤편으로 번져 나오는 태양 빛의
아름다움에 숨이 막힐 지경이었어.

파이의 말을 듣던 귀야가 침을 꼴깍 삼키면서
루아를 돌아봤어.
올라간 입꼬리, 간절한 눈빛, 쿵쾅대는 심장 소리!
귀야는 루아의 마음을 알아챘어.
루아는 파이가 봤다는 일식에 마음을 홀라당
빼앗긴 거야. 예전에 무지개 속으로 들어가자고
할 때도 저런 표정이었어.
귀야가 발가락을 쫙 폈어.
"어쩌라고?"
파이가 귀야가 내민 발을 보며 물었어.
"일식 보러 가야지."
귀야보다 먼저 루아가 대답했어.
귀야의 초능력이 발휘될 시간이야.

"와, 멋있다. 여기가 어디야?"
루아 입에서 저절로 탄성이 나왔어.
루아 일행이 이동한 곳은 완만한 산자락이야.
아래로는 넓은 초원이 펼쳐져 있는데
더 멀리에는 산꼭대기에 눈이 쌓인 산봉우리가 펼쳐져
있어.

푸릇푸릇한 초원 덕분에 가슴이 탁 트이게 시원한데,
하얀 눈이 덮인 산봉우리까지 보여,
두 계절이 한꺼번에 있는 믿기 어려운 풍경이야.

루아가 풍경에 취해서 정신을 못 차리는데 파이는 하늘을 보고 있어.

"귀야, 저거 달인데."

루아와 귀야 모두 깜짝 놀라 하늘을 봤어.

파이 말처럼 파란 하늘에 비칠 듯이 투명하게 떠 있는 건 낮달이 맞아. 그런데 반달이야.

일식이 벌어지려면 적어도 보름달이어야 하잖아.

"귀야, 제대로 온 거 맞아?"

"모르겠어."

루아와 파이는 서로 눈이 마주쳤어.

'이건 뭐지?' 하는 눈빛이야.

일식을 보러 가자고 손가락과 발가락을 맞댄 거 아니었나?

"아니, '나도 일식을 보러 가자!'라고는 했는데, 여기가 어딘지 모르겠어."

귀야가 기어들어 가는 목소리로 더듬더듬 말하자 파이가 물었어.

"네 신통력은 어떻게 작용하는 거야?"

파이와 루아가 궁금증을 한껏 담아 귀야를 뚫어지게
보자 귀야는 "어, 어." 하며 대답하려고 애를 썼어.
하지만 귀야도 어떻게 된 일인지 몰라.
한 번도 생각해 본 적이 없어.

파이가 탁 트인 초원을 돌아보고는 귀야와 루아를
달랬어.
"모른다는데 어떡해."
"루아야. 미안해. 그래도 내 덕분에 경치 좋은 데
왔잖아. 눈까지 쌓여 있으니 얼마나 멋있어!"
귀야도 거들었지만 일식을 본다고 잔뜩 기대했던
루아의 마음은 쉽게 풀리질 않아.

사실 루아도 여름 겨울 없이 일 년 내내 눈으로 덮인 산이 있다는 건 알아.
히말라야산맥이나 안데스산맥 같은 데는 정말 엄청나더라고.
눈 덮인 산이 끝없이 펼쳐진 그런 멋진 광경은 아니어도 초원이 펼쳐진 산등성이에서 눈 덮인 산을 보는 건 황홀한 경험이긴 해.
그렇지만 루아 입에서는 엉뚱하게도 억지 부리는 소리가 튀어나왔어.
"저거 눈 맞아?"
귀야는 순간 '저게 눈이 아니면 어떡하지?' 하는 걱정에 마음이 쪼그라들었어.

저긴 눈이 녹지 않을 만큼 높은가 봐."
파이의 말에 귀야는 '그런 거야?' 하는 생각에 눈이 반짝 빛났어.
루아도 더는 심통을 부릴 수 없어.

"나도 높은 데로 갈수록 추워지는 것쯤은 알아.
일 년 내내 눈이 녹지 않는 에베레스트산은 8천8백
미터야. 지구에서 제일 높아."
말에서 뾰족함이 사라지고 '8천8백 미터' 같은 숫자를
말하니 이제야 루아 같아.
귀야는 포르르 날아서 루아 무릎으로 가 앉았어.
루아가 귀야를 쓰다듬으며 중얼거렸어.
"비행기 바깥은 저기보다 훨씬 추울 텐데."
귀야는 루아와 함께 비행기를 타고 오던 때를
생각했어. 창밖은 파란 하늘 아래 구름만 두둥실
떠가는 아주 평화로운 풍경이었어.
그래서 바깥이 추울 거라는 생각은 꿈에도 못 했어.

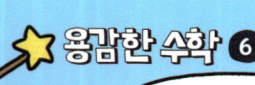

용감한 수학 ❻
내려가는 기온은 높이에 비례해!

한라산에 여름에 올라가 봤니? 밑에서는 아무리 더워도 정상에 가면 시원해.

한라산보다 더 높은 에베레스트산에는 일 년 내내 눈이 있어.

높이 올라갈수록 기온이 떨어지기 때문이야. 태양에 더 가까워지는데 왜 그러냐고? 태양에서 온 에너지 중 지구를 덥히는 건 대부분 지면에서 반사된 것이야. 그런데 이건 별로 높이 올라가지 못해. 그래서 올라갈수록 기온이 내려가.

높이가 1백 미터 높아질 때마다 0.6도씩 내려가. 1천 미터 올라갈 때마다는 6도씩 내려가는 거야.

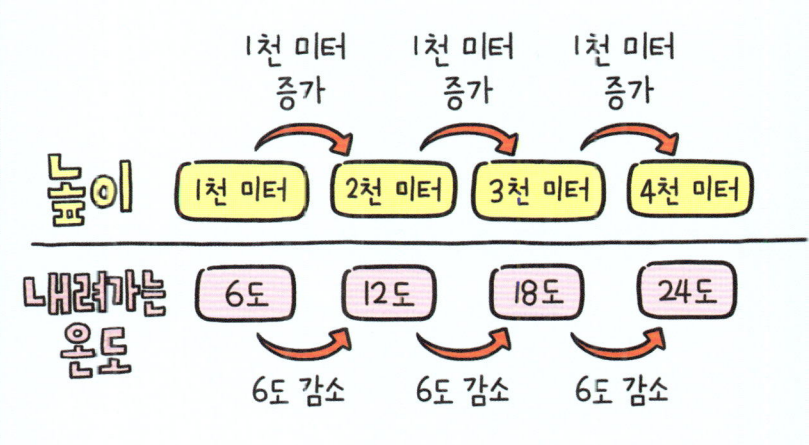

결국 높이 올라갈수록 온도가 얼마나 내려가느냐는, 높이에 어떤 수를 곱하면 알 수 있어.

(내려가는 기온) = (6도) × (높이) (단위: 천 미터)

이런 걸 정비례라고 해.

용감한 Quiz 2.
루아가 영국으로 갈 때 탄 비행기 높이는 1만 미터였어요. 비행기 바깥은 지상보다 몇 도 낮았을까요?*

* 맨 마지막 장에서 정답을 확인해요!

루아는 엉덩이를 털고 일어났어.
일어나면서 뒤쪽을 보다가 깜짝 놀랐어.
앞쪽은 완만한 산등성이를 타고 내려가면서
초원이 넓게 펼쳐져 있는데,
뒤쪽은 가파른 바위투성이 산이야.
"저런 험한 곳으로는 갈 수 없지? 내려가자."
바위든 아니든 별로 상관없는 귀야가 말했어.
그때 산 위쪽에서 무슨 소리가 들렸어.
"무슨 소리야?"
"염소 아니야?"
루아와 파이가 바위를 기어오르기 시작했어.
귀야는 얼른 날갯짓하며 날아올랐어.
한눈에도 위험해 보이는 바위 지대에
염소 한 마리가 보였어.
고개를 꼿꼿이 든 채 네 발로 돌을 딛고 서 있어.
반원 모양으로 휘어져 땅을 향한 뿔이
'공격 의사 없음'이라고 말하고 있는 것 같아.
귀야가 염소 코앞에 날아가 앉았어.
"내 친구들은 이런 데를 위험하다고 하던데."

귀야가 기어 오다시피 하며 이제 겨우 올라오고 있는 루아와 파이를 돌아봤어.
"얼른 와!"
"쟤네가 네 친구야?"
염소는 고개를 갸웃거렸어.

"아휴, 숨 차."
뒤늦게 올라온 루아와 파이가 땀을 훔치며 주저
앉았어.
염소가 루아와 파이를 빤히 쳐다봤어.
이렇게 험한 데를 사람들이 오는 건 처음 봤거든.
"너는 아주 용감한 염소구나."
가쁜 숨을 몰아쉬며 말하는 파이를 보고, 염소 표정이
조금 누그러졌어.
호기심도 생겼는지 조심스럽게 발을 디디며
파이에게로 내려왔어.
귀야도 얼른 날아와서 파이 어깨 위에 앉았어.
"너는 보통 인간들과는 다른가 봐.
대개는 위험하다면서 가지 말라고 난리를 치는데."
염소는 파이와 루아를 다시 보더니 비밀을 하나
말해 주겠다고 했어. 귀야가 눈을 반짝여.
"난 여기보다 더 높이 올라간 적도 있어. 바위를 타고
겨우 올라갔는데, 꼭대기는 너무 좁아서 염소 한 마리가
겨우 누울 정도였어."

루아는 자기가 바위산 꼭대기에 있는 것도 아닌데,
빙빙 어지럽고 손에 땀이 나는 것 같아.
염소는 그렇게 위험한 데를 왜 올라갈까?
"나는 겁 많은 양이랑 다르거든. 우리 염소들은
바위 타는 걸 두려워하지 않아."
염소는 당당하게 어깨를 펴고 말했어. 귀야는 그런
염소가 멋있으면서도 어깨가 움츠러들어.
파이가 귀야를 다독이며 염소에게 말했어.
"온종일 풀만 뜯는 것보다는 훨씬 멋진 일이야."
루아도 염소가 정말 용감하다고 생각해. 어려운 일에
도전하려면 용기가 필요하잖아.
루아 생각을 읽었는지 염소가 덧붙였어.
"맞아, 어렵기 때문에 하는 거야. 어려운 일을
해내면서 진정한 염소가 되는 거야."
귀야는 어떻게 하면 저렇게 용감해질 수 있을까
생각하며 염소 가까이 날아갔어.

귀야가 이리저리 날아들자 재밌어하던 염소가 놀라 고개를 번쩍 들었어.
귀야의 외마디 소리에 루아도 깜짝 놀랐어.
파이도 놀라 벌떡 일어났어.
"염소 눈동자가 이상해!"
귀야 말에 염소가 어쩔 줄 몰라 하며 눈을 깜빡였어.
"내 눈이 어때서?"
루아가 염소의 눈을 자세히 봤어.
"눈동자가 직사각형이야."

멋지지? 파노라마처럼 넓게 볼 수 있어.

늑대같이 위험한 동물이 오는지 잘 볼 수 있겠구나?

염소는 눈동자가 직사각형 모양인 것에 큰 자부심을
갖고 있었어.
고개를 돌리지 않아도 넓은 초원을 다 볼 수 있는
멋진 눈동자라며.
사람 눈동자가 동그라니까 다른 동물도
다 그렇다고 생각하는 건 너무 폭 좁은 생각이야.

"사실 눈동자가 동그란 건 기본이야. 고양이도,
오징어도 보통 때는 동그래. 우리 염소도 밤에는
동그래."
염소의 말을 들은 루아는 염소의 눈동자를 다시 봤어.
"그럼 낮이나 밤이나 눈동자 크기는 똑같아?"

원과 사각형, 크기가 같을 수 있나?

염소의 눈동자 크기가 낮이나 밤이나 똑같다면 직사각형과 원의 넓이가 같다는 말이야.

내 눈동자 크기가 같은가?

옛날에 원과 넓이가 같은 사각형에 엄청나게 관심이 많은 사람이 있었어. 기원전 고대 그리스 시절이었어.

자와 컴퍼스만 가지고 원과 넓이가 같은 정사각형을 그립시다.

이거 되는 겁니까? 어려운데요.

염소는 집에 가야겠다며 발로 돌을 툭툭 쳤어.

"집?"

'염소에게 집이 있나?' 루아는 뜻밖이지만 내색하진 않았어. 누구나 집이 있는 건 좋은 일이니까.

파이도 염소 집은 어떤지 궁금해.

"너희 집에 같이 가도 돼?"

염소는 고개를 끄떡이며 앞장서서 걸었어.

염소는 미끄러운 바위산을 잘도 걸어가.

루아와 파이는 미끄러질까 봐 조심조심 따라가.

염소는 자잘한 돌들이 깔린 산길도 잘 걸어가.

루아와 파이는 두어 번 삐끗하고는 발목을 다칠까 봐 조심스럽게 땅을 보며 따라가.

귀야는 어느새 날아서 염소 뿔 위에 앉았어.

염소를 따라 비탈진 바위투성이 산에서 내려왔어. 초원에 이르자 아까는 보이지 않았던 양 떼가 풀을 뜯고 있어.

"양들이 정말 많다!"

루아가 반가워하자, 염소가 말했어.

"애네들을 집으로 데려갈 거야. 내가 앞장서면 양들이 따라오거든."

파이가 초원을 가득 채운 양들을 보며 물었어.

"몇 마리나 돼?"

염소가 당황하며 더듬거렸어.

"몇 마리? 잘 모르는데."

귀야가 이때다 싶은지 고개를 빳빳이 하며 말했어.

"나는 양이 몇 마리인지 셀 수 있어. 내 손가락과 파이 손가락만 있으면 충분해."

"끝까지 세 보진 않았지만, 너희 두 명 손가락으로 셀 수 있는 숫자는 아닐 텐데."

"다 세 보지도 않고 어떻게 알아?"

귀야가 퉁명부렸어.

염소는 발 네 개를 모두 써서 이런 식으로 세려고 했는데, 끝까지 셀 수가 없었어.
세도 세도 줄어드는 것 같지 않아 이러다 언제 다 세나 싶어 포기했대.
염소 얘기를 들은 귀야는 깜짝 놀랐어.
"너, 이진법을 쓰는구나."

귀야는 예전에 파이어니어호에 이진법을 사용한
금속판이 실려 있었다는 이야기가 떠올랐어.
이진법을 쓰는 생명체가 지구에 있을 거라고는
생각도 못 했는데, 염소는 정말 놀라운 동물이야.

이진법이 뭐야?

막상 염소는 뜨악한 표정을 지으며 물었어.
발을 땅에 댔다가 떼었다가 하면서 차례차례 양을
세다 보니 양은 몇 마리 세지도 못했는데,
어느 발을 들 차례인지 헷갈렸대.
그래서 포기했는데, 귀야가 놀란 표정을 지으니 뭔가
잘했나 싶기도 해서 어리둥절해.
"이진법은 있다, 없다 두 가지 기호로만 수를 세는
방법이야. 너도 발을 땅에 댔다, 뗐다
두 가지 기호를 쓴 거야."
루아가 사람들은 손가락이 열 개여서 십진법을
쓴다는 둥, 귀야는 발가락이 여덟 개여서 팔진법을
쓴다는 둥 한참을 떠들었어.
염소는 머리가 핑핑 돌아.

용감한 수학 ❽
염소는 양을 어떻게 셀까?

사람은 수를 셀 때 손가락을 꼽으면서 세. 염소는 발가락 대신 발굽이 갈라져 있어. 구부려지지 않아.

내 발굽도 구부릴래.

염소가 수를 세려면 발을 땅에 댔다가 떼었다가 하는 수밖에 없어.

발을 대면 0 발을 떼면 1

나랑 같네? 전기가 흐르면 1, 안 흐르면 0.

이렇게 두 가지 기호로 수를 세는 방법을 이진법이라고 해.

내가 이진법을 썼다고?

십진법은 숫자가 열 개, 팔진법은 숫자가 여덟 개, 이진법은 숫자가 두 개야! 11은 십진법의 수 아니냐고? 이진법의 수일 수도 있어. 몇 진법의 수인지 괄호 안에 써서 알려 줘.

이진법에서는 3, 4 이런 숫자는 없어. 발을 대거나 떼기 둘 중 하나니까.

십진법에서는 자릿값이 10배씩 올라가는 것처럼 이진법에서는 자릿값이 2배씩 올라가. 자릿값이 1, 2, 4, 8, 16……과 같이 커져.

$11_{(2)}$은 십진법으로는 3, $101_{(2)}$은 5야.

2마리 묶음이 1, 1마리 묶음이 1 →

4마리 묶음이 1, 2마리 묶음이 0, 1마리 묶음이 1, →

"네 발 네 개로 세기엔 양이 많지만,
다른 염소에게 발을 더 빌리면 다 셀 수 있어."
루아의 말에 염소가 우물쭈물하며 뒷걸음쳤어.
"나는 못 세겠어……."
염소는 위험한 벼랑 끝에는 얼마든지 올라갈 수
있을 정도로 용감하지만, 저 많은 양 떼를 세는 건
다른 문제야.
'친구 발을 빌렸을 때 얼마나 머리 아팠는데 또 하라고?
차라리 바위산으로 도망가고 말 테다.'
염소의 표정을 본 파이가 루아를 막으며 나섰어.
"나는 몇 마리쯤 되는지 궁금했던 거야.
400마리쯤인지 500마리쯤인지."
"그럼, 정확하게 세지 않아도 돼?"
염소만큼이나 머리가 아팠던 귀야가 물었어.
"맞아. 어림짐작을 해 보자."
파이는 손가락으로 이쪽에 있는 양 떼 한 무리를
가리켰어.
"이만큼이 열 마리니까 이쪽 한 무리는 삼십 마리쯤
될 것 같아."

"내 친구 발까지 더해서 발 다섯 개까지
세 봤는데, 그때와 비슷해."
염소의 말에 파이가 환하게 웃으며 말했어.
"발 다섯 개면 2를 다섯 번 곱한 수니까
32마리까지 셌다는 거구나."

"와, 비슷하다!"
귀야가 환호성을 지르자, 염소도 이빨을 드러내며 웃었어. 파이도 웃으며 양 떼를 손가락으로 둥글게 여러 므리로 나눴어.

"삼백육십 마리? 와!"
"우와!"
귀야와 염소가 앞다퉈 파이의 셈에 감탄하자 루아가
한마디 보탰어.
"조금은 다를 거야. 이건 어림셈이니까. 그런데
이렇게 많은 양이 네가 앞장서면 다 따라가?"
루아는 한 번도 양 떼를 본 적이 없어서 양들이
염소를 따라 집에 간다는 말이 더 신기해.
"당연하지. 양들은 다 날 좋아해.
오늘은 너희를 만나 조금 늦었어."
염소가 양 떼 앞쪽에 끼어들어 걷기 시작하자 정말로
양 떼들이 모두 염소를 따라 걷기 시작했어.
루아와 파이가 양 떼에게 다가가자, 양들이 겁을
먹었는지 슬쩍슬쩍 피해 갔어.
귀야는 어느새 양과 친해졌는지, 보드라운 털이
투실투실한 양의 등에 앉았어.

"파이야, 사람 만나도 괜찮겠어?"
루아가 작은 소리로 물으며 주머니에서 뭔가를 꺼냈어.
장갑이야.
"이거. 혹시 몰라서 안내소에서 가져왔어."
파이는 이제는 지구에 익숙해져서 지구인을 만나도
겁나지 않을 것 같은데, 루아는 몰랐나 봐.
파이는 루아가 마음을 써준 게 고마워서 장갑을 끼었어.
파이는 손가락이 네 개여서 장갑의 마지막 손가락이
덜렁거려.
그때 염소가 매~매~ 울었어.
저 멀리 당나귀를 타고 오는 사람이 있어.
목동인가 봐.

목동이 가까이 오면서 눈이 동그랗게 커졌어.
"너희 누구니? 여긴 오는 사람이 거의 없는데."
"……"
"……"
루아와 파이는 뭐라고 소개해야 할지 몰라 눈만 깜빡였어.
일식 보러 가려고 했는데
귀야가 엉뚱한 데 데리고 왔다는 말보다
좀 더 나은 말을 찾아야 하는데…….
"어떻게 왔어?"
목동이 또 물었어. 사람이 거의 오지 않는 동네지만, 가끔 사람이 오기도 해.
그런데 마을 아래에서 올라오거나
산에서 내려오는 사람을 본 적은 없으니까.
"양이 삼백육십 마리보다 많아요?"
툭 튀어나온 루아의 말에 파이가 루아를 봤어.
왜 엉뚱한 대답을 하는지 의아해하는데 목동의 눈은 이미 양 떼에게로 향해 있어.

목동은 루아와 파이를 다시 한번 훑어보고는
당나귀에서 내려왔어.
"오늘은 우리 집에서 자고 가.
내 동생도 좋아할 거야."
파이가 당나귀를 쓰다듬자, 목동은 파이를 번쩍
들어서 당나귀에 태워 줬어.
"너도 같이 탈래?"
목동은 루아도 번쩍 들어서 당나귀에 태워 줬어.

목동은 당나귀 옆에서 나란히 걸으며 말했어.
"여기 사람들은 양 한 마리 한 마리를 다 구분해.
양도 사람처럼 생김새가 다 달라."
염소가 매~매 했어.
파이가 염소의 말을 알아차렸어.
"염소도 생김새가 다 다르대요."

용감한 Quiz 3.
똑같은 양을 찾아보세요.
모두 몇 마리인가요?*

* 맨 마지막 장에서 정답을 확인해요!

"난 루아, 얘는 파이예요. 쟤는 귀야."
루아가 포실한 양털 위에 앉아 있는 귀야까지
소개했어.
"아저씨, 양을 정말 많이 키우네요?"
루아의 말에 갑자기 목동이 당황했어.
"나, 아저씨 아닌데."
루아의 눈에는 당나귀도 타고 얼굴도 햇볕에 그을려서
아저씨처럼 보였나 봐. 자세히 보면 목동의 얼굴에는
아직 소년티가 남아 있어.
"그냥 바흐람이라고 불러."
이렇게 많은 양을 처음 본다고 루아가 말하자
바흐람의 얼굴에 자부심이 흘러넘쳤어.
"천 마리도 넘게 키운 적이 있었는데, 그땐 사실 매일
마릿수가 바뀌어서 정신을 바짝 차려야 했어."
그러다가 몇 해 전에 절반 넘게 죽었다고 바흐람이
덧붙였어.
바흐람이 입술을 오므려 휘파람을 불자
양들이 움직였어.

용감한 수학 ❾

버릴까? 올릴까?

양을 '천 마리도 넘게 키운 적이 있다'라면
양이 천 마리보다 많았던 거야.

1,000 이상은 1,000보다 크거나 같은 걸 말해.

1,000보다 크다 ⇔ 1,000 초과

1,000은 1,000 이상이야. 1,000 초과는 아니야.

양이 387마리이면 400마리보다 적어.

400 이하는 400보다 작거나 같은 걸 말해.

400보다 작다 ⇔ 400 미만

400은 400 이상이야. 400 이하라고 해도 돼.

양을 '천 마리도 넘게 키운 적이 있다'라는 말은 양이 천마리보다 조금 더 많을 때 하는 말이야. 천보다 작은 자리의 수는 버리고. 이런 방법을 버림이라고 해.

수를 어림해서 간단히 말할 때는 보통 반올림을 해.
5 이상이면 올리고,
5 미만이면 버리는 거야.

일의 자리에서 반올림
19 ➡ 20
13 ➡ 10

십의 자리에서 반올림
235 ➡ 200
368 ➡ 400

양이 387마리이면 어림해서 400마리라고 할 수도 있어. 십의 자리에서 반올림한 거야.

우리나라 인구는 5천만 명, 통학 시간은 30분. 우린 어림해서 말하는 경우가 많아.

"바흐람, 저기 눈 덮인 산에 올라가 봤어요?"
루아가 손가락으로 높은 산을 가리키며 말했어.
"염소 찾으러 몇 번 가 봤어. 끝까지는 아니고."
바흐람 얼굴에 힘들었던 기억이 떠올라.
"춥고 길도 험한데, 너무 높더라."
"얼마나 높아요?"
바흐람은 고개를 갸웃거렸어.
"글쎄. 생각해 본 적 없는데. 그런데 너희는 주로 수로 대답할 질문을 하는구나."
바흐람의 말에 파이가 조금 멋쩍어하며
루아를 돌아봤어.
파이와 루아를 태운 당나귀는 느릿느릿 걷고 있어.
바흐람도 바람을 맞으며 당나귀 옆에서 걷고 있어.

얼마나 더 가야 해요?

루아는 말하면서 아차, 했어.
또 수로 대답해야 하는 질문을 했잖아.
그렇지만 세상이 돌아가는 원리가 수이니 어쩌겠어.
다행히도 바흐람은 별말 없이 손가락을 들어 한 곳을
가리켰어. 그쪽에는 둥근 천막 같은 것과 양들의
우리로 보이는 돌담이 보였어.
양 떼는 염소가 이끄는 대로 돌담 안으로 들어갔어.
바흐람이 양 떼들이 모두 돌담 안쪽으로 들어갔는지
확인하는데, 둥근 천막집에서
루아보다 작은 여자아이가 구르듯 달려 나왔어.
루아와 파이를 발견하곤 바흐람의 바지춤을 잡고
뒤로 숨은 아이는 빼꼼히 고개만 내밀었어.
"내 동생 아스날루야."
"안녕, 아스날루. 나는 루아."
"나는 파이, 저기 까마귀는 귀야."
귀야가 얼른 날아와서 파이 어깨 위에 앉았어.
아스날루는 배시시 웃었어.

"여기가 우리 집이야. 우리 유목민들은 집을 이렇게 지어. 이런 둥근 천막집을 유르트라고 불러."
바흐람은 봄에 이곳으로 와서 유르트를 설치했다고 말했어.

"유르트는 아주 멋진 집이야. 금방 설치할 수 있어."
"유르트가 여러 개네요?"
루아의 말에 바흐람은 손가락으로 하나하나 가리키며 가족이 사는 곳, 부엌, 손님용이라고 설명해 줬어.

바흐람의 말소리를 듣고 유르트 뒤쪽에서 사람들이
나왔어. 바흐람의 부모님이야.
"이 아이들을 산에서 만났어요."
루아와 파이가 바흐람의 부모님에게 인사했어.
"저는 루아예요."
"저는 파이라고 해요."
귀야가 깍깍거리자, 파이는 어깨에 앉아 있는 귀야도
소개했어.
바흐람의 부모님이 루아 일행을 반갑게 맞이했어.
유목민들은 손님 접대를 굉장히 중요하게
생각하거든.
가도 가도 사람을 만나기 어려운 초원에서
오래전부터 생긴 문화일 거야.
"뭐 하고 계셨어요?"
바흐람이 묻자, 바흐람 아빠가 따라오라며 유르트
뒤쪽으로 갔어.
거기엔 나무로 짠 네모난 틀이 있었어.
"문을 만드는 중이야."

"아, 문을 다시 만든다고 하셨지요? 이제 틀 안쪽에 널빤지만 채우면 되겠네요?"
바흐람이 바닥에 있는 네모난 틀을 보며 말하자 바흐람 아빠가 손을 내저었어.
"먼저 귀퉁이가 다 직각인지 확인해야지. 문이 틀어지면 안 되잖아."
바흐람 아빠는 문틀을 가로지르는 대각선 길이를 재려고 줄자 한쪽을 바흐람에게 내어 주며 반대편으로 갔어.

사각형은 제각각이야!

사각형은 변과 각의 특징에 따라 몇 가지로 구분해.
평행한 변이 있는지, 길이가 같은 변이 있는지, 직각인 각이 있는지 잘 살펴봐야 해.

사다리를 닮은 사각형이 있어. 사다리꼴이라고 해. 두 변이 평행해.

사다리꼴에서 나머지 두 변도 평행하면 평행사변형

두 쌍의 변이 평행이란 말이야.

평행사변형이면서 네 각이 직각인 사각형은 직사각형!

평행사변형이면서 네 변의 길이가 같은 사각형은 마름모!

직사각형이면서 마름모인 사각형은 정사각형!

네 변의 길이가 같고 네 각도 직각이야.

직사각형의 대각선은 특별해!

사각형에는 대각선이 두 개 있어. 사다리꼴은 두 대각선이 공통점이 없어. 제멋대로야.

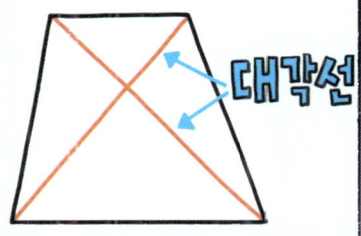

그렇지만 다른 사각형은 대각선이 특별해. 평행사변형은 두 대각선이 서로를 이등분해.

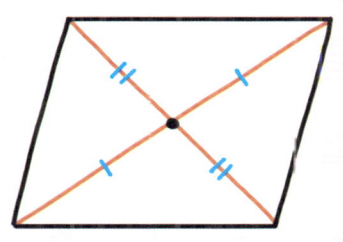

직사각형은 두 대각선이 길이가 같고 서로 이등분해. 결국 네 선분 OA, OB, OC, OD의 길이가 같아. 거꾸로, 사각형에서 네 선분 OA, OB, OC, OD의 길이가 같으면 직사각형이야.

그래서 내가 줄자로 대각선 길이를 재서 문짝이 직사각형인지 확인한 거예요.

"네 귀퉁이가 모두 직각, 맞아요."

바흐람의 말에 바흐람 아빠가 능숙한 목수처럼 줄자를 거둬들이며 이 정도쯤이야 하는 미소를 지었어.

바흐람은 널빤지를 하나 집어 아빠에게 건넸어.

바흐람 아빠는 직사각형 문틀 안쪽에 널빤지를 대고 못을 박았어.

널빤지를 건네주면 또 박고

널빤지를 건네주면 또 박고.

드디어 완성된 문을 유르트에 달았어.

"딱 맞는구나."

바흐람 아빠의 말에 흐뭇함이 담겨 있어.

그때 아스날루가 와서 저녁을 먹으라고 알렸어.

부엌으로 사용하는 유르트로 가자 맛있는 냄새가 났어.

화덕에 얹힌 커다란 솥에 고기와 채소가 끓고 있어.

"양고기와 채소 이것저것을 넣었어. 푹 끓여서 국물이 거의 졸아들었단다. 맛있을 거야."

저녁을 먹은 아이들이 밖으로 나왔어.
바흐람은 양들이 잘 있는지 우리를 돌아봤어.
아이들은 바흐람을 따라가다 돌담 위에 앉았어.
컴컴한 바람이 시원하게 온몸을 훑고 지나갔어.
하늘에는 별이 가득해.
바흐람이 파이와 루아에게 어디에서 왔냐고 묻더니
자기도 도시에 가 보고 싶다고 했어.
바흐람이 사귀던 여자친구 가족이 도시로 떠나
졸지에 견우와 직녀처럼 되어 버렸다며
바흐람은 먼 하늘을 봤어.

귀야의 말에 바흐람이 어둠 속에서 눈을 반짝였어.
"그래?"
"말도 안 되는 소리! 견우성과 직녀성은 16광년 떨어져 있어. 그 거리면 까마귀와 까치가 몇 마리나 필요한 줄 알아?"
루아가 귀야에게 꿈 깨라는 듯이 말했어.
'꿈인가?'
귀야는 시무룩해졌어.
"저기 밝은 별 세 개 보이지? 직녀성, 견우성, 데네브를 이으면 직각삼각형이야."
파이가 손가락으로 은하수를 가로지르며 별 세 개를 잇는 삼각형을 그리자 바흐람도 별자리 이야기를 해줬어.
"직녀성은 거문고자리에서 가장 밝은 별이고 견우성은 독수리자리에서 가장 밝은 별이야."
"저기 독수리 있어?"
귀야가 겁먹은 목소리로 말했어.

용감한 수학 ⑫
수로 직각을 만든다고?

직각이 뭐냐고? 한 바퀴는 알아? 360° 말이야. 그거의 절반은 180°, 또 절반은 90°야. 90°를 직각이라고 해.

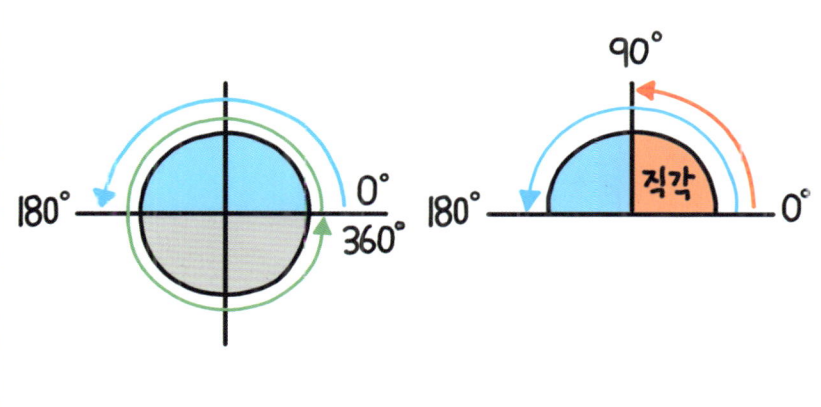

직사각형으로 직각을 만들 수도 있지만, 수로도 직각을 만들 수 있어. 세 변의 길이가 3, 4, 5이면 짧은 두 변 사이가 직각이야.

세 변의 길이의 비가 3, 4, 5여도 직각이 만들어져요.

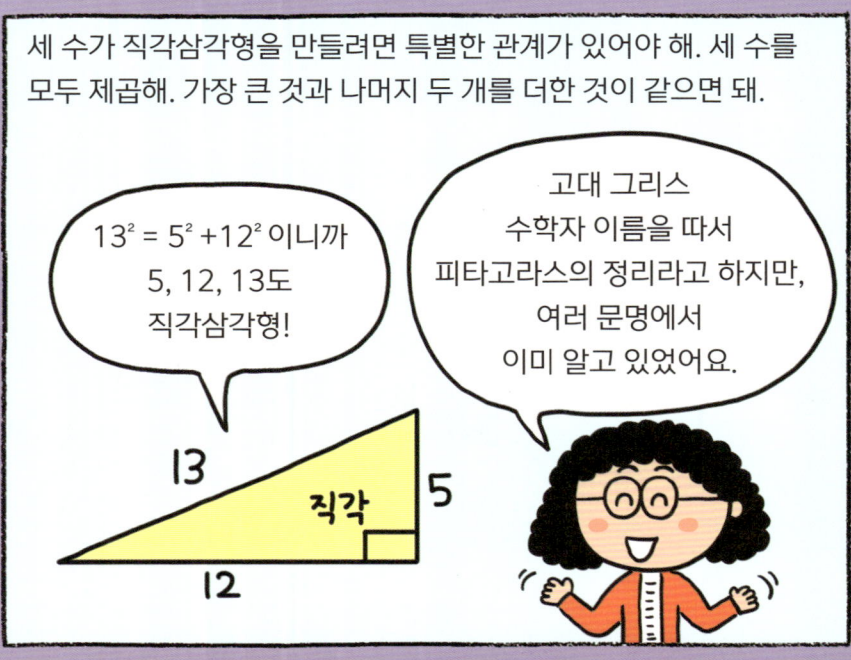

파이는 셀레네 생각이 났어. 사람들이 다 떠나 버린
섬을 지키던 셀레네 가족.
'바흐람의 여자친구 가족들은 왜 떠났을까?'
마침 루아도 궁금했나 봐.
"바흐람, 여자친구 가족은 왜 떠났어요?"
"가축이 다 죽었거든.
그러면 여기서 먹고살 수가 없어."
바흐람네 양도 절반 이상 죽었다더니
그때의 일인가 봐.
"몇 해 전 겨울에 눈이 엄청나게 많이 내렸어.
풀이 모두 눈에 덮여 먹을 걸 찾을 수 없었고,
너무 추웠어. 가축들이 얼어 죽거나 굶어 죽었어."
"그때 바흐람네 양도 절반 이상 죽은 거예요?"
바흐람은 말없이 고개를 끄떡였어.
가축이 죽어 유목으로 먹고 살길이 없어진 사람들은
일자리를 찾아 도시로 떠났어.
그렇잖아도 여름에는 가뭄이 심해져서
초원이 사막으로 변해가고 있었대.
점점 가축을 키우기 힘들어지고 있었는데,
결국 그 사건으로 초원에서 살길이 막막해진 거야.

루아는 기후 위기를 심각하게 느낀 적은 별로 없었어.
비가 다른 해보다 많이 와도, 오래 와도 집에서는
안전했으니까.
가뭄이 심해져서 논밭이 갈라지고 공기가 버석거려도
수돗물은 콸콸 나왔으니까.
봄에 바싹 마른 나뭇잎이 산불을 일으켜 며칠 동안
타도 집에서 아주 멀리 떨어진 곳의 일이었으니까.
그런데 빙하가 무너지고, 해수면이 올라가 섬이 잠길
위기에 있고, 유목민도 살아갈 터전을 잃는 걸 보니
큰일은 큰일이다 싶어.
"다시 그린란드로 가 볼까?"
파이의 말에 루아가 무슨 말이냐는 듯이 쳐다봤어.
"기후 위기는 이산화탄소 탓이 크니까, 그린란드의
빙하 기둥에서 해결책을 찾을 수 있을지도 몰라."
"그래. 가자!"
루아의 말에 바흐람이 깜짝 놀라 눈을 크게 떴어.
"어딜 간다고?"

1. 21쪽: 번개의 속력은 초속 30만 킬로미터이므로 1킬로미터 오는 데 걸리는 시간은 $\frac{1}{30만}$초, 약 0.000003초이다.

2. 55쪽: 기온은 1천 미터 높아질 때마다 6도씩 낮아진다. 1만 미터는 1천 미터의 10배이므로, 높이가 1만 미터인 곳의 온도는 지상보다 6도의 10배인 60도 낮다.

3. 81쪽:

7 해가 얼마나 멀면 달이랑 같아?

글 남호영 그림 김잔디

초판 1쇄 펴낸 날 2025년 9월 8일
기획 CASA LIBRO **편집장** 한해숙 **편집** 신경아 **디자인** SALT&PEPPER, 최성수, 이이환
마케팅 박영준 **홍보** 정보영 **경영지원** 김효순
펴낸이 조은희 **펴낸곳** ㈜한솔수북 **출판등록** 제2013-000276호
주소 03996 서울시 마포구 월드컵로 96 영훈빌딩 5층
전화 02-2001-5822(편집), 02-2001-5828(영업) **전송** 02-2060-0108
전자우편 isoobook@eduhansol.co.kr **블로그** blog.naver.com/hsoobook
인스타그램 soobook2 **페이스북** soobook2
ISBN 979-11-94439-44-8, 979-11-93494-87-5(세트)

어린이제품안전특별법에 의한 제품 표시
품명 도서 | 사용연령 만 7세 이상 | 제조국 대한민국 | 제조사명 ㈜한솔수북 | 제조년월 2025년 9월

ⓒ 2025 남호영·김잔디·CASA LIBRO

*저작권법으로 보호받는 저작물이므로 저작권자의 서면 동의 없이
 다른 곳에 옮겨 싣거나 베껴 쓸 수 없으며 전산장치에 저장할 수 없습니다.
*값은 뒤표지에 있습니다.

큐알 코드를 찍어서
독자 참여 신청을 하시면
선물을 보내 드립니다.

한솔수북의 모든 책은
아이의 눈, 엄마의 마음으로 만듭니다.